¡Nunca dejes de PERSEVERAR en tus sueños!

Camila Terrazas

☆ ☆ ☆ ☆ ☆

Título original: Convierte el miedo en poder con Camila Terrazas "Guía de transformación personal de alto impacto".

Autor: Camila Andrea Terrazas Gómez

Diseño Línea Gráfica: Nubeideas

Edición y coedición gráfica: María José Comino Ribes, Jimena Cervantes, Michael Haemmerli.

©Del texto, 2023, (Camila A. Terrazas Gómez)
Primera edición: 2021

© Reservados todos los derechos

ISBN: 978-1-943255-84-9

LNG LLC, Oklahoma, USA

Mensaje de bienvenida

Estoy inmensamente agradecida que tengas en tus manos esta **GUÍA DE TRANSFORMACIÓN PERSONAL** que fue diseñada para que descubras tu verdadero ser.

Deseo de todo corazón que te sirva para explorar y potenciar tus habilidades, dones y talentos personales al **máximo nivel de poder, acción y logro.**

Esta guía, está basada en técnicas creadas a través de mis propias experiencias que he ido recogiendo y perfeccionando durante mi vida; las cuales han sido aplicadas a personas de todas las edades y todo tipo de ocupación: **escolares, universitarios, trabajadores, profesionales, emprendedores y empresarios** quienes han podido vivir un proceso de transformación hacia la plenitud y sentido de propósito.

Cuando decides abrir tu mente y reconocerte honestamente a través de tus emociones y expresarte en total libertad, logras poner en práctica **nuevos hábitos que te permitirán lograr un equilibrio espiritual, mental y físico.**

Con la ejecución de esta guía, lograrás ser responsable de tu **éxito hacia tu mejor versión.**

Camila Terrazas

**Camila A. Terrazas Gómez
CEO & Fundadora de KAISSEN GLOBAL GROUP y Comunidad Internacional de empresarios y mentores CIEM**

COMPROMISO PERSONAL

Declaraciones de "Autoafirmación y Poder personal"

Inicio mi proceso de transformación hacia mi **mejor versión.**
Estoy a punto de describir mis super poderes, talentos, habilidades y
dones extraordinarios con los que cuento, con los cuales **lograré ser
dueño de mi vida y de mi felicidad.**

Valoro mi identidad y declaro mi poder personal
con las siguientes afirmaciones:

- ☐ Soy el que decide en qué creer y en quién creer.
- ☐ Soy quién acepta o rompe los límites.
- ☐ Soy más que mis acciones. Yo soy quién elige
  entre la inacción y la acción.
- ☐ Yo merezco y me alegro de ser quién soy.
- ☐ Soy único/a, poderoso/a, hermoso/a e imparable.

_____

FIRMA

INTRODUCCIÓN

DECISIÓN

Si tomaste la decisión de realizar esta guía para **transformar tu vida**, has dado el primer paso. Si miras en tu interior, podrás encontrar y realizar un ejercicio mental que te ayudará a resolver todo tipo de problemas empujándote al camino del éxito. Esta actividad mental se llama **DECISIÓN.**

Toda tu vida está dominada por este poder, la salud de tu mente y cuerpo, tus hábitos, el bienestar de tus seres queridos, tu vida social y profesional, el tipo de relaciones que generas, todo depende de tu habilidad para tomar decisiones sólidas y eres tú el responsable de desarrollar esta habilidad mental que te **traerá prosperidad y felicidad.**

La toma de decisiones pone en orden tu mente y por supuesto este orden se refleja en tu mundo a través de resultados, eliminando la ambivalencia que puede generar conflictos internos que a su vez generan malos resultados.

Para poder gobernar nuestro ser y ser capaces de tomar decisiones, debemos revisar en detalle nuestro sistema de creencias, ya que nadie puede llegar más lejos de donde sueña llegar; es por eso por lo que romper las cadenas y ataduras son un acto necesario para el desarrollo y el cumplimiento del propósito de cada persona. Si una persona intenta lograr algo, que está más allá de su nivel de creencias, la mente creará rápida y automáticamente ideas o razones justificando el por qué no es posible hacerlo, y estas ideas continuarán fluyendo hasta que se abandone el proyecto. Sin embargo, cuando una persona cree que el objetivo se puede conseguir la mente **comenzará automáticamente a crear ideas que preparan el camino hacia el éxito.**

"Aquellas personas que toman decisiones con **prontitud y seguridad**, saben lo que quieren y generalmente lo consiguen. Los líderes en cualquier ámbito y lugar deciden con rapidez y firmeza. Esta es la auténtica y más importante razón de que sean líderes. El mundo tiene el hábito de hacer espacio para las personas cuyas palabras y acciones demuestran que saben dónde van". Napoleón Hill

Cuando tengas una visión, congela la imagen, únela con una decisión, **cárgate de una actitud positiva** y rechaza las preocupaciones sobre cómo sucederá. Las acciones deben estar con **disciplina** para lograr tener los resultados esperados.

¡¡HAZ AQUELLO DE LO QUE NO TE CREÍAS CAPAZ!!

Deuteronomio 31:8
Y Jehová es el que va delante de ti; él será contigo, no te dejará, ni te desamparará; no temas, ni te intimides.

SEMANA 1
Guía de Transformación Personal

- Descubre quién eres
- Descubre tu **Propósito de Vida**

1 Juan 1:8

¡El éxito es vivir tu Propósito de Vida!

Camila Terrazas

AUTOANÁLISIS Y AUTOREFLEXIÓN

¿QUIÉN SOY?

Nombre y Apellido: _____

Sexo: _____

Edad: _____

Lugar y fecha de nacimiento: _____

Madre: _____

Padre: _____

Estado civil: _____

Escribe la impresión que tienes de TI.

_____

_____

_____

_____

_____

_____

AUTODIAGNOSTICA TU SITUACIÓN ACTUAL

A) EMPIEZA POR TI

Tus hábitos	SI	NO	¿Cómo podría hacerlo mejor?
Puntualidad			
¿Llegas a tiempo?			
¿Te preparas a tiempo para salir?			
¿Estás consciente del tiempo?			

Tus hábitos			
Planificar			
¿Sabes qué quieres hacer con tu vida en general?			
¿Cómo uso mi tiempo libre?			

Tus hábitos			
Salud			
¿Tienes rutina que facilita conciliar el sueño?			
¿Tienes alimentación saludable diaria, semanal y mensual?			
¿Practicas algún deporte al menos 3 veces por semana?			

Tus hábitos			
Espiritualidad			
¿Oras, meditas y/o agradeces a Dios?			
¿Lees libros que te conectan con tu espiritualidad?			

Otros/Comenta

_____

_____

IDENTIFICACIÓN DE TU SITUACIÓN ACTUAL (Familiar, Social, Laboral).

El siguiente cuadro te ayudará a calificar tu aptitud en los diversos roles que asumes en tu entorno, mencionados en líneas arriba.

¿Qué tal eres como padre, madre, hermano/a, pareja, hijo/a, trabajador/a y amigo/a?

<u>INDICADORES</u> (Califica de 1 a 10) para trabajar en la ruleta de la vida.

N. Puntuación
1 a 3 Muy insatisfecho
4 a 5 Insatisfecho
6 a 7 Neutral
8 a 9 Satisfecho
10 Muy satisfecho

	Demuestras respeto	Te comunicas con claridad	Demuestras amor	Demuestras compromiso	Trabajas en equipo
Padre					
Madre					
Hermano/a					
Pareja					
Hijo/a					
Trabajador/a					
Amigo/a					

B) RESUELVE TU SITUACIÓN ACTUAL (Familiar, Social, Laboral).

Selecciona con una X lo que implementarás para mejorar: comunicación, empatía, amor, calidad y tiempo.

TU EN EL ROL DE	Llamar más seguido	Escribir más seguido	Visitar más seguido	Participar de los eventos familiares	Escuchar con atención	Preguntar en vez de suponer	Decir lo que pienso	Mejorar mi manera de expresar	Ser más comprensivo	Pedir lo que necesito de otros	Dar lo que necesitan de mí	Dar muestras físicas de amor	Crear momentos especiales	Estar firme en mis decisiones	Respetar las decisiones de los demás	Felicitar y celebrar los triunfos
Padre																
Madre																
Hermano/a																
Pareja																
Hijo/a																
Trabajador/a																
Amigo/a																

C) ¿Cómo crees que impactará en tu actualidad y en el futuro? Menciona 3 aspectos. (Familia, Amistad, Trabajo).

_____

_____

_____

_____

_____

NOTA: Posteriormente para continuar con la resolución de este ejercicio deberás llevarlo a la pág. 24.

RULETA DE LA VIDA

Herramienta de Autocoaching

CÓMO REALIZAR:
En la siguiente página se encuentra la ruleta de la vida que te permite diagnosticar tu propia satisfacción actual en tu vida.

Puntuar cada área
Se elige una puntuación para cada uno de los aspectos trazados de acuerdo con el grado de satisfacción que sentimos respecto a ellos. El rango va del número 1 al 10, siendo 1 la más baja y 10 la máxima puntuación. Cuanto más baja es la puntuación, se sitúa más hacia el centro y cuanto más elevada más cercana al borde del nombre del área.

N. Puntuación
1 a 3 Muy insatisfecho
4 a 5 Insatisfecho
6 a 7 Neutral
8 a 9 Satisfecho
10 Muy satisfecho

Unir los puntos
La siguiente fase implica la unión de los puntos o puntuaciones y la observación de la forma que ha adquirido nuestra ruleta de la vida.

Analizar
En cuanto al análisis, si el dibujo o forma resultante de las líneas se asemeja a un círculo significa que existe un nivel de equilibrio en nuestra vida. Por otro lado, la forma irregular con diversos picos y altibajos revela aquellas áreas en las que es necesario trabajar para aumentar los niveles de satisfacción.

Lo normal o habitual es obtener una rueda con aspectos desiguales y con forma irregular que indique que el esfuerzo y tiempo invertidos en éstos hasta el momento no está siendo del todo efectivo (Recuerda que este análisis es personal).

Identificación de áreas que potenciar y actividades a realizar. Después de analizar, debes identificar las áreas que potenciar realizando un listado y decidir cuál vas a mejorar. No siempre es necesario empezar por aquella que tiene una puntuación más baja, ya que depende del momento vital en el que te encuentres. Asimismo, es importante que analices las relaciones o vínculos en las diferentes áreas, ya que esto también puede ayudarte a tomar una decisión al respecto.

Plan de acción

Te sugiero tomar una sola área a mejorar durante los 30 días estableciendo un plan de acción para lograr tu satisfacción. Posterior a los 30 días, puede elegir otras 2 áreas para continuar con tu mejor versión.

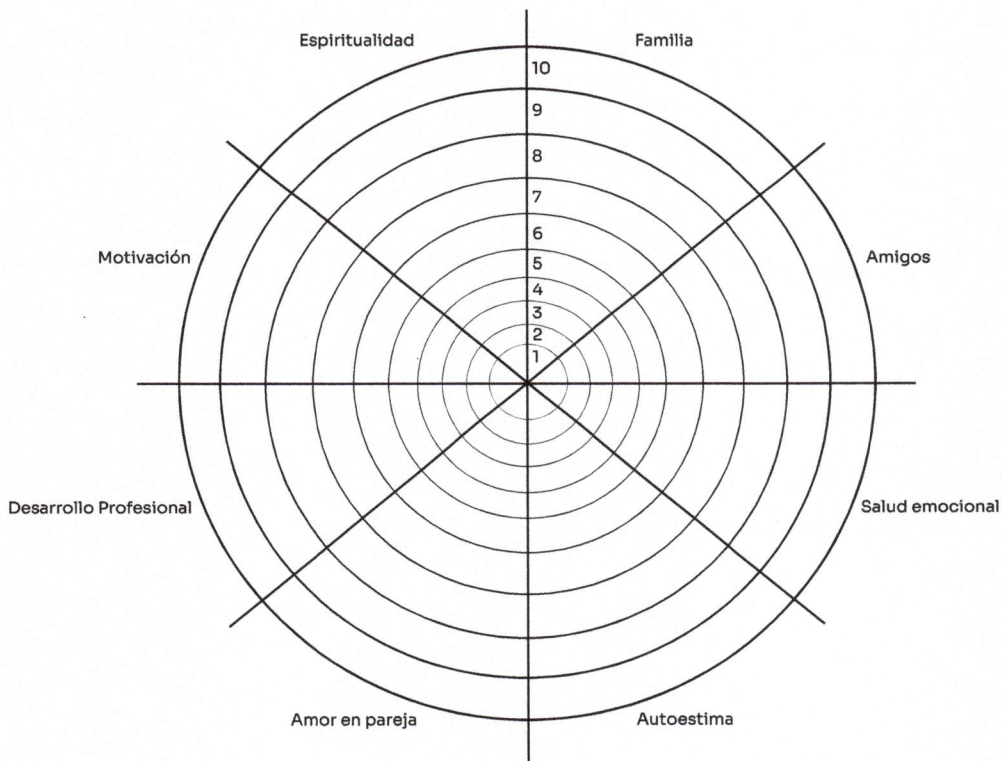

Identificar 3 áreas que quieres potenciar en esta gestión.

1. _____
2. _____
3. _____

PLAN DE ACCIÓN, RULETA DE LA VIDA

Elige 1 área que consideras muy importante a mejorar (pág. 13)

_____

¿Por qué es primordial y qué te motiva?

_____

_____

_____

_____

_____

El secreto para
lograr la Felicidad
es Construir tu
legado con amor

Camila Terrazas

PROPÓSITO DE VIDA

Entonces... ¿Cómo hago para iniciar mi búsqueda en mi interior?

Ponte cómodo/a. Colócate donde puedas sentir paz y tranquilidad para realizar este ejercicio.

¿Te ha pasado que te levantas en la mañana y te preguntas, qué haces en esta vida? ¿Qué más hay en esta existencia?

El primer paso es escuchar a tu ser, ir a lo más profundo de ti allí donde no llegue el ego.

Eso que tal vez habías olvidado por tantos ajetreos de tu día a día.

Mi búsqueda del propósito de vida se llama (por favor, coloca tu nombre en la siguiente oración):

YO SOY, _____

Si lo afirmaste y estás comprometido/a a encontrar tu propósito, sigamos adelante.

1. Menciona 3 de tus dones (Ej.: fortaleza, consejo, sabiduría) y 3 talentos (Ej.: música, deporte, creatividad, ventas) que te hacen únicos.

DONES	TALENTOS
1.	1.
2.	2.
3.	3.

2. ¿Qué quieres tener en la vida que mereces?
Date unos minutos para escribir 3 de tus anhelos (ej.: amor, reconocimiento, libertad, cambio, contribución a la sociedad y otros).

_____

_____

3. ¿Para qué quieres todo lo mencionado en la anterior respuesta?
Ej.: Aprobación, satisfacción, agradecimiento, felicidad, legado y otros.

_____

_____

SELAH (TIEMPO DE PAUSA)

Ahora es el momento para hacer una pausa, para reflexionar y meditar con DIOS.

En este tiempo te recomiendo que tomes unas horas o un día, para reflexionar sobre todo lo recordado, descubierto e identificado en las anteriores páginas.

SALMOS 34:18

"El Señor está cerca de los quebrantados de corazón, y salva a los de espíritu abatido."

Recuerda que estás a punto de permitirte dar ese primer paso para transformar tu vida, que DIOS YA TE ELIGIÓ DESDE ANTES QUE TÚ VINIERAS A ESTE MUNDO.

Colócate una música de conexión con DIOS, permite que Él sea tu guía, tu mentor, para que puedas conectar tu corazón, mente, cuerpo, alma y espíritu... Acá NO es válido detenerse, ya avanzamos bastante...

Escanea este código de QR para escuchar "Música instrumental Cristiana":

Recuerda que **DIOS TE HIZO ÚNICO/A, HERMOSO/A, GRANDIOSO/A, ERES UN SER HUMANO EXTRAORDINARIO QUE ESTÁS A PUNTO DE SACAR A LA LUZ TUS DONES Y TALENTOS.**

Empieza a recordar y escribe en la siguiente página lo qué te apasiona, lo que amas hacer en las diferentes áreas de tu vida. (Ej.: servir, enseñar, motivar, amar, ayudar, etc.).

_____

_____

_____

_____

Entonces mi **propósito de vida** es... El legado que quiero construir es...

Filipenses 3: 14 "Prosigo a la meta, al premio del supremo llamamiento de Dios en Cristo Jesús"

Dios nos envió a la tierra para aprender y crecer por medio de experiencias agradables y también desagradables.

MI PROPÓSITO DE VIDA ES _____

_____

_____

_____

_____

SEMANA 2
Guía de Transformación Personal

ELEVA TU AUTOESTIMA Y AUTOCONFIANZA

- Técnicas para autoconocerte
- Técnica antigua y nueva versión personal
- Técnicas para salir de tu zona de confort
- Técnicas para aceptar, agradecer, perdonar y soltar

> Isaías 43:4 Porque te amo y eres ante mis ojos precioso y digno de honra.

PASO 1

ACELERADORES DE TRANSFORMACIÓN PERSONAL
Aprende a cuestionarte y valorarte por quién eres.

Lee cada una de las siguientes ¨Creencias limitantes¨.

"CREENCIAS LIMITANTES" versus "CREENCIAS RETADORAS"

Siempre me pasan cosas malas.
Todo lo que me ocurre puede servirme para mejorar.

Cada vez que lo intento, fracaso, no resulta.
No hay fracasos, sólo hay resultados...mientras siga intentando.

No tengo la culpa de tener mala suerte.
Soy responsable de lo que hago, pase lo que pase.

Me cuesta mucho entender y aprender ciertas cosas.
No necesito entender algo del todo para recibir todos sus beneficios.

Si tuviera recursos que tú tienes, claro que lo haría.
Mi mayor recurso soy yo mismo.

1. Escribe 2 creencias limitantes con la que te identificas de lo mencionado líneas arriba.

_____
_____
_____
_____
_____

2. Conviértelas en creencias retadoras/potenciadoras.

_____
_____
_____

PASO 2

CREENCIAS LIMITANTES

Identificando creencias limitantes y potenciadores de manera integral.

GESTIÓN DEL TIEMPO	
CREENCIAS LIMITANTES	**CREENCIAS POTENCIADORAS**
Ya estoy (mientras sigues alistándote)	Prever el tiempo para alistarme antes de salir
No sé qué me pasa que me demoro	
Nadie llega a la hora	

PRESUPUESTO – ADMINISTRACIÓN FINANCIERA	
CREENCIAS LIMITANTES	**CREENCIAS POTENCIADORAS**
Si sé más o menos	Preveo mis gastos
A mí el dinero se me va	
El dinero es sucio	

PLANIFICACIÓN DE VIDA	
CREENCIAS LIMITANTES	**CREENCIAS POTENCIADORAS**
Las cosas nunca salen como las planeas	Planifico y corro el riesgo de que no salgan según lo planeado
Se lo dejo a Dios	
Confío en mi suerte	
Nada sale bien sin un plan	

BIENESTAR FÍSICO	
CREENCIAS LIMITANTES	CREENCIAS POTENCIADORAS
De algo hay que morirse	Es mi reto comer saludable
No me cuido porque tengo buenos genes	
Quiero, pero no tengo fuerza de voluntad	

SOBRE MÍ	
CREENCIAS LIMITANTES	CREENCIAS POTENCIADORAS
Yo soy así, ya no voy a cambiar	Busco cada día mejorar
Estoy muy viejo para aprender	
No me creo capaz y no soy muy inteligente	
No me lo merezco	

ESPIRITUALIDAD	
CREENCIAS LIMITANTES	CREENCIAS POTENCIADORAS
La vida de hoy no deja tiempo	Priorizo mis tiempos
Dios sabe que creo en él	
No creo en la Iglesia	
Estoy molesto con Dios	

RELACIONES INTERPERSONALES	
CREENCIAS LIMITANTES	CREENCIAS POTENCIADORAS
Si no lo digo así, no me hacen caso	Busco la manera de que me comprendan
No tengo tiempo	
Mejor me callo	

TRABAJO	
CREENCIAS LIMITANTES	**CREENCIAS POTENCIADORAS**
Yo no sé vender	No tengo experiencia en ventas, pero hago
Mejor trabajo solo	el intento de vender
No me siento seguro	

ESTUDIO	
CREENCIAS LIMITANTES	**CREENCIAS POTENCIADORAS**
No tengo el hábito de la lectura	Definir una hora para tener el hábito de la
Solo los que estudian tienen éxito	lectura
No se necesita estudiar	

TÉCNICAS Y PASOS PARA ¡AUTOCONOCERTE!

Vuelve a recordar tu diagnóstico pág. 9, 10 y 11. A continuación, empecemos a identificar lo siguiente:

Tomando en cuenta una actitud de confianza positiva, valorando tu talento, sé bondadoso contigo mismo y no te compares con los demás.

ESCALERA DE AUTOESTIMA

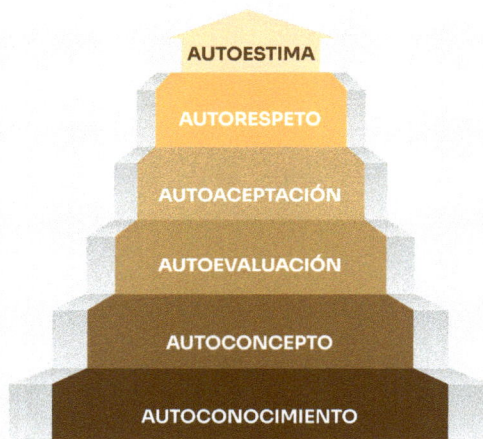

AUTOESTIMA

AUTORESPETO

AUTOACEPTACIÓN

AUTOEVALUACIÓN

AUTOCONCEPTO

AUTOCONOCIMIENTO

¡Empecemos a cultivar el amor propio y autoconfianza!

En estos puntos vuelve a observar todo lo que has escrito anteriormente para que analices tus valores personales, tus creencias e ideas propias.

AUTORESPETO Y AUTOACEPTACIÓN

Algunos tips que te ayudarán a identificar si te estás autorespetando:

☑ Establecer límites y aprender a decir que no.
☑ Gestionar tus emociones.
☑ Estar en una relación donde seas feliz (todas las áreas).
☑ Dedicarte tiempo de calidad.
☑ Desarrollar tu potencial.

¿Te respetas a ti y cómo?

_____

_____

¿Te escuchas a ti y cómo?

_____

_____

¿Te hablas de buena forma? ¿Cómo y cuándo lo haces?

_____

_____

AUTOEVALUACIÓN Y AUTOCONCEPTO

Menciona el autoconcepto que tienes de ti mismo.
¿Cuál es la percepción que tienes de ti mismo y de tu valor como persona?
Ej.: Tus habilidades interpersonales (soy una persona inteligente, amable) o diferentes formas de expresar amor propio y autoestima saludable que tienes hacia ti.

_____

AUTOCONOCIMIENTO

¿Te conoces? Menciona 2 fortalezas y debilidades/defectos.

Describe cómo te sientes con todo lo que has logrado y lo que estás haciendo. **¿De qué logros te sientes orgulloso u orgullosa?**

_____

_____

¿En qué áreas de tu vida consideras que necesitas ayuda?

_____

_____

¿Qué metas te gustaría haber completado?

_____

_____

FRASES DE PODER DE MI NUEVA VERSIÓN

SOY ÚNICO/A
SOY UN SER DE LUZ
SOY HERMOSO/A
SOY PODEROSO/A
SOY IMPARABLE

REPÍTELAS Y ESCRÍBELAS DURANTE 30 DÍAS
Iniciando con día 1...
¡Elige una frase con la que te identifiques y repítela todos los días de tu vida!
Recuerda que la **VIDA ES AHORA Y ERES UN GRANDIOSO SER DE LUZ.**

Elige y escribe tu frase favorita:

_____

_____

ATENCIÓN

Técnicas para salir de tu zona de confort

IDENTIFICAR QUÉ COSAS CAMBIARÍAS, MEJORARÍAS Y FORTALECERÍAS

1. Menciona el área elegida de la ruleta de la vida (pág. 12).

_____

_____

2. Elige un hábito o acción y escríbelo ej.: actividad física, comer saludable, leer, meditar, orar, agradecer.

_____

_____

3. ¿Qué fortalecerías? Elige una opción (carácter, amor propio, habilidad).

_____

_____

HERRAMIENTAS TRANSFORMACIONALES DE CAMBIO

Ejemplos de plan de acción y seguimiento del cambio (hábito, fortaleza y área a potenciar de la ruleta de vida).

Área que potenciar de la ruleta de la vida

Hábito
Ej.: Vida saludable; elijo realizar ejercicio 3 veces por semana, de 6:00 a 7: 00 am.

Fortaleza
Ej.: Carácter; soy impaciente para escuchar a mi padre/madre/hijo/ pareja.

Practicar la empatía y pensar cómo reaccionaría yo, si estuviese en el lugar de la persona.

HERRAMIENTAS TRANSFORMACIONALES DE CAMBIO

A continuación, escribe tu área que potenciar que sea MEDIBLE, REALIZABLE, ALCANZABLE (ruleta de la vida).

ÁREA QUE POTENCIAR	HORA	L	M	M	J	V	S	D

A continuación, escribe tu nuevo hábito que sea MEDIBLE, REALIZABLE, ALCANZABLE.

NUEVO HÁBITO	HORA	L	M	M	J	V	S	D

A continuación, escribe tu nueva fortaleza.

NUEVA FORTALEZA	HORA	L	M	M	J	V	S	D

Describe cómo estuvo tu semana: Nueva área que potenciar, hábito y fortaleza.

HERRAMIENTAS TRANSFORMACIONALES DE CAMBIO

A continuación, escribe tu área que potenciar que sea MEDIBLE, REALIZABLE, ALCANZABLE (ruleta de la vida).

ÁREA QUE POTENCIAR	HORA	SEMANA 2						
		L	M	M	J	V	S	D

A continuación, escribe tu nuevo hábito que sea MEDIBLE, REALIZABLE, ALCANZABLE.

NUEVO HÁBITO	HORA	SEMANA 2						
		L	M	M	J	V	S	D

A continuación, escribe tu nueva fortaleza.

NUEVA FORTALEZA	HORA	SEMANA 2						
		L	M	M	J	V	S	D

Describe cómo estuvo tu semana: Nueva área que potenciar, hábito y fortaleza.

3. HERRAMIENTAS TRANSFORMACIONALES DE CAMBIO

A continuación, escribe tu área que potenciar que sea MEDIBLE, REALIZABLE, ALCANZABLE (ruleta de la vida).

ÁREA QUE POTENCIAR	HORA	SEMANA 3						
		L	M	M	J	V	S	D

A continuación, escribe tu nuevo hábito que sea MEDIBLE, REALIZABLE, ALCANZABLE.

NUEVO HÁBITO	HORA	SEMANA 3						
		L	M	M	J	V	S	D

A continuación, escribe tu nueva fortaleza.

NUEVA FORTALEZA	HORA	SEMANA 3						
		L	M	M	J	V	S	D

Describe cómo estuvo tu semana: Nueva área que potenciar, hábito y fortaleza.

HERRAMIENTAS TRANSFORMACIONALES DE CAMBIO

A continuación, escribe tu área que potenciar que sea MEDIBLE, REALIZABLE, ALCANZABLE (ruleta de la vida).

ÁREA QUE POTENCIAR	HORA	SEMANA 4						
		L	M	M	J	V	S	D

A continuación, escribe tu nuevo hábito que sea MEDIBLE, REALIZABLE, ALCANZABLE.

NUEVO HÁBITO	HORA	SEMANA 4						
		L	M	M	J	V	S	D

A continuación, escribe tu nueva fortaleza.

NUEVA FORTALEZA	HORA	SEMANA 4						
		L	M	M	J	V	S	D

Describe cómo estuvo tu semana: Nueva área que potenciar, hábito y fortaleza.

OBJETIVOS Y META

Descubre lo que quieres lograr a mediano plazo como resultado final del esfuerzo que puntualizaste en el ejercicio anterior (pág. 28 a 32).

1. Identifica tu meta Ej.: Bajar de peso

_____

_____

2. Identifica tus objetivos, para cumplir tu meta
Ej.:
1. Comer 6 días saludable.
2. Hacer ejercicio 3 veces a la semana.
3. Visitar al nutricionista 1 vez al mes.

_____

_____

3. ¿Qué valores están alineados a tus objetivos y meta?
Ej.: Disciplina, constancia y/o perseverancia.

_____

_____

4. ¿Cómo te sientes? ¿Qué emociones motivadoras experimentas?
Cuando te visualizas cumpliendo tus OBJETIVOS Y META.
Ej.: Me siento enérgico, feliz con mi físico, una persona plena, bello/a, radiante.

_____

_____

TÉCNICA DE RESPIRACIÓN ABDOMINAL O DIAFRAGMÁTICA

Se recomienda realizar esta técnica antes de la siguiente actividad.

Nuestra respiración es una de las funciones corporales más relevantes para nuestra vida, permitiendo intercambiar gases con el medio externo, introduciendo oxígeno y eliminando dióxido de carbono; intercambio indispensable para la vida de los organismos aeróbicos.

Por otro lado, nuestra respiración tiene la importancia de afectar directamente nuestras emociones, es así como nuestra respiración se acelera cuando estamos enojados y se tranquiliza cuando estamos en armonía y tranquilidad. Si tomamos consciencia y control sobre nuestra respiración, nos permitirá manejar nuestras emociones conectando con aquellas que nos permiten crecer y ser capaces de conectar con los demás y con nosotros mismos.

Las técnicas de respiración permiten que el cuerpo y la mente tengan una conexión más profunda, lo que permite liberar la energía negativa en lugar de almacenarla en nuestro cuerpo. De esta forma, respirar conscientemente se convierte en un hábito dentro de un estilo de vida saludable que puede mejorar nuestra calidad de vida en general.

La técnica de respiración que hoy te enseñaré, consta de una serie de ejercicios y pasos que te permitirán relajarte con cierto orden y sentido. Así, este acto que realizamos de forma automática para la supervivencia se convierte en una oportunidad para estar mejor emocional y físicamente.

Para aumentar la eficacia de este ejercicio, te invito a que tomes consciencia de ti, que busques un lugar tranquilo en donde puedas sentarte o acostarte cómodamente, que cierres tus ojos y que visualices todo tu ser, cada parte de ti.

Ahora imagina que tienes un globo en el abdomen y que al inhalar harás llegar el aire hasta la base de tus pulmones inflándolo. Al exhalar, sacaremos el aire y el abdomen volverá a su posición inicial.

Estos son los pasos para seguir:
1. Pon una mano sobre tu abdomen debajo de las costillas y la otra sobre tu pecho.
2. Toma aire por la nariz, lenta y profundamente, mientras se cuenta hasta tres llenando bien de aire la base de los pulmones, inflando el abdomen y no el pecho.
3. Retén el aire durante 3 segundos.
4. Suelta el aire por la boca lentamente con los labios fruncidos, como si estuvieras silbando, contando de nuevo hasta tres.
5. Repite el proceso al menos 5 veces.

Es importante familiarizarse con esta forma de respirar para dominarla y poder recurrir a ella en distintos momentos del día.

Esta técnica puede funcionar mejor antes de cualquier evento estresante al cual debas enfrentarte en el día.

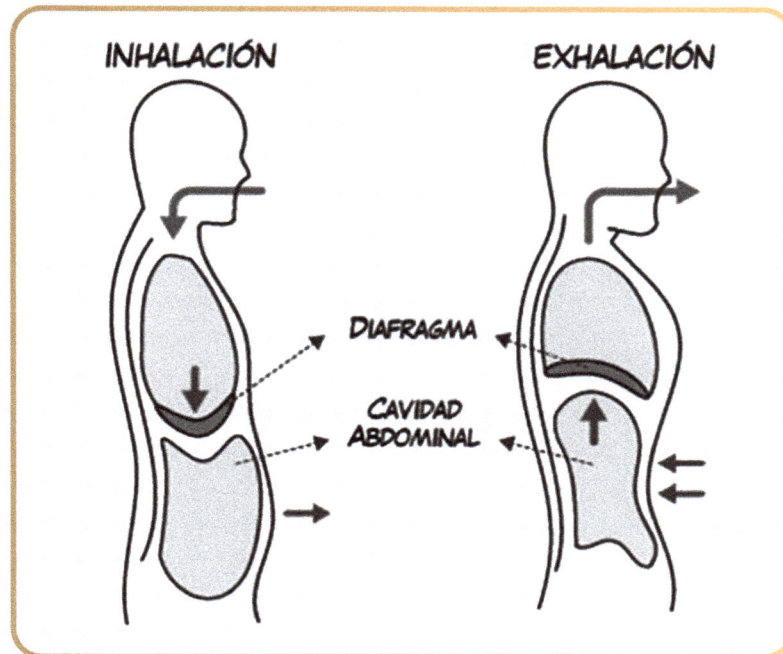

TÉCNICAS PARA ACEPTAR, SOLTAR Y PERDONAR

Basada en la línea de la Vida (pasado y presente).

Estas técnicas nos ayudarán a identificar ese dolor y/o tristeza que nos marcó en nuestra vida. Hoy te invito a recordarlas, aceptarlas, perdonarlas, soltarlas y continuar con la vida que mereces.

TRAGEDIA – DOLOR – TRISTEZA

Menciona 2 situaciones trágicas experimentadas en tu niñez y/o adolescencia.
Ej.: Muerte de un familiar, Violación física, psicológica, bullying y otros.

1. _____
2. _____

AHORA, Si está preparado tu corazón y tu mente puedes dar el grandioso paso de ACEPTAR, PERDONAR Y SOLTAR.

TU DOLOR – TRISTEZA

Escríbelo cuantas veces te sea posible, cuando dejes de llorar habrás soltado/perdonado de corazón dicha tragedia.

1. _____
2. _____
3. _____
4. _____
5. _____
6. _____

Visualiza y anota tu futuro identificando con alguna situación o área que te encantaría proyectar en mediano o largo plazo (familia consolidada, profesionalmente desarrollado, haber realizado los viajes soñados, haber logrado metas deseadas y otros).

ALEGRÍA – FELICIDAD

1. _____
2. _____

MAPA DE SUEÑOS

Jeremías 29:11

Este mapa de vida es el cimiento de la proyección que Dios ya diseñó para tu Vida. Algunos puntos o recomendaciones para crear tu mapa; Dios, familia, trabajo, amigos, viajes, ejercicio físico, dinero, abundancia.

Te sugiero que lo realices con imágenes reales e imágenes proyectadas o visualizadas acompañadas con frases positivas de agradecimiento, poder y optimismo.

SEMANA 3
Guía de Transformación Personal

AUTOLIDERAZGO

Los líderes no crean seguidores, **crean más líderes**

> **2 Timoteo 2:15** "Procura con diligencia presentarte a Dios aprobado, como obrero que no tiene de qué avergonzarse, que usa palabras de Verdad".

Proverbios 11:15

"Eres luz, no solo para iluminar, sino para ayudar a
sacar la luz de cada persona".

El liderazgo es la capacidad que tiene una persona de influir, motivar, organizar y llevar a cabo acciones para lograr sus fines y objetivos que involucren a personas y grupos en un marco de valores.

¿Cuáles son las características de un buen líder?

☑ Ser responsable y comprometido.
☑ Tener iniciativa.
☑ Ser honesto.
☑ Ser persistentes.
☑ Tener humildad.
☑ Empatía.
☑ Autoconocimiento.
☑ Capacidad analítica.
☑ Flexibilidad y capacidad de aprendizaje.
☑ Identificar el potencial de su equipo/personas que la rodean.
☑ Delega tareas.
☑ Escuchar y tomar en cuenta otros puntos de vista.
☑ Fomentar el trabajo en equipo.
☑ Motivar y potenciar a los miembros del equipo.
☑ Conoce quiénes son las personas involucradas en el desarrollo de un proyecto/trabajo/proceso.
☑ Capacidad de organizar.

RECONOCE EN TI, 3 CARACTERÍSTICAS DE LAS MENCIONADAS.

_____

_____

_____

TIPS PARA IDENTIFICAR TU ESTILO DE LIDERAZGO

Recuerda considerar tus valores clave y auténticos.

Toma conciencia de tus debilidades y trabaja en mejorarlas.

Recuerda la frase: DOS CABEZAS PIENSAN MEJOR QUE UNA. Obtén retroalimentación.

Aprende de otros líderes.

Mentalidad para recibir críticas constructivas y opiniones diferentes.

5 TIPS PARA APLICAR DÍA A DÍA Y ASÍ DESARROLLAR Y MEJORAR LAS HABILIDADES DE LIDERAZGO

Toma decisiones conscientes.

Escucha con atención otros puntos de vista.

Resuelve hoy, los problemas de hoy.

Consigue el feedback que necesitas.

Forma parte de tu equipo/entorno.

¡¡SÉ TU MEJOR VERSIÓN!!

Cuidando tu espíritu, alma y cuerpo

¡¡RECUERDA QUE LA VIDA ES DÍA A DÍA!!

1 Tesalonicenses 5:23

Todos fuimos creados con tres partes: un espíritu, un alma y un cuerpo.

GLOSARIO DE VERSÍCULOS RVA1960

Lucas 1:37

"Porque nada hay imposible para Dios"

2 Corintios 5:17

"De modo que, si alguno está en Cristo, nueva criatura es; las cosas viejas pasaron; he aquí todas son hechas nuevas"

Deuteronomio 31:8

"Y el Señor va delante de ti; Él estará contigo, no te dejará, ni te desamparará; no temas ni te intimides".

1 Juan 1:8

"Si decimos que no tenemos pecado, nos engañamos a nosotros mismos, y la verdad no está en nosotros".

Isaías 41:10

"No temas porque yo estoy contigo; no desmayes, porque yo soy tu Dios que te esfuerzo; siempre te ayudaré, siempre te sustentaré con la diestra de mi justicia".

Isaías 43:4

"… Y yo te amé; daré, pues, hombres pro ti, y naciones por tu vida".

Juan 14:6

"Jesús le dijo: Yo soy el camino, la verdad y la vida; nadie viene al Padre, sino por mí".

Jeremías 29:11

"...Pensamientos de paz, y no de mal, para daros, el fin que esperáis".

2 Timoteo 2:15

"Procura con diligencia presentarte a Dios aprobado, como obrero que no tiene de qué avergonzarse, que usa bien la palabra de Verdad".

Proverbios 11:15

"Porque nada hay imposible para Dios"

1 Tesalonicenses 5:23

"Y el mismo Dios de paz os santifique por completo; y todo vuestro ser, espíritu, alma y cuerpo, sea guardado irreprensible para la venida de Jesucristo".

Filipenses 3:14

"Prosigo a la meta, al premio del supremo llamamiento de Dios en Cristo Jesús".

Salmos 34:18

"Cercano está el Señor a los quebrantados de corazón; Y salva a los contritos de espíritu".

Proverbios 11:14

"Donde no hay dirección sabia, caerá el pueblo; Mas en la multitud de consejos hay seguridad".

AGRADECIMIENTOS

Agradezco a DIOS por ser el centro de mí vida. A mi madre Gladys que está en el cielo y es mi inspiración para seguir construyendo mi legado en esta tierra. A mi segunda madre/ángel de Dios, Fátima quien es mi amiga, consejera y apoyo en todo. A quien me enseña lo que es el amor más sublime, el amor incondicional, mi inspiración y motor diario mi Hijo príncipe de Dios Adriano. A mi papá Fernando a quien volví a abrazarlo y reactivar el lazo de padre e hija físicamente después de 33 años, él me enseña cada día que con amor todo es posible. A mi otro ángel que Dios me mandó Michael Haemmerli, quien es y ha sido un apoyo fundamental en la estructura y la forma del contenido, juntamente a las personas que han participado con los detalles de escritura, corrección y diseños, María José Comino Ribes, Jimena Cervantes, Bernardita Muñoz respectivamente. A mis hermanos Manfred, Gladys, Boris, Fernandita, Fabricio, mi Abuela Gladys y toda mi familia, amistades, alumnos y clientes que me motivan e inspiran a seguir construyendo el legado que DIOS me entregó.....

Gracias a los cientos de empresas que me permitieron llegar a miles de personas a guiarlos en encontrar su propósito de vida, desafiar sus miedos y transformar sus vidas mediante esta guía.

Cuando tenemos el corazón roto es probable que nos sintamos solos porque no sabemos cómo expresar el dolor. **Por eso en Mateo 6:6 dice que debemos encerrarnos en un lugar privado y orar. Conversa con Dios y sé honesto con Él.** Dile cómo te sientes y pídele que te ayude a sanar tu corazón, tú alma y tus heridas, no hay mejor ayuda que aquella que Dios ofrece. Él promete sanar todas tus "dolencias" (Salmo 103:2-4). **Enfoca tu vida en el presente y mira hacia delante con esperanza, fe, acción constante y mucha disciplina.**

Desde mis 10 años soñaba que quería tener millones de dólares, para ayudar a mi familia y todos los niños con escasez financiera y educación. Hace cinco años, cuando permití construir mi relación con Papá Dios, comprendí que no eran los millones de dólares que buscaba. Ya somos millonarios desde que nacemos si lo creemos y aceptamos. Comprendí que era tan simple y grandemente permitirme dejar ser guiada por DIOS, para que él me muestre el propósito que tenía diseñado para mi vida.

Hace tres años que vengo apoyando a las personas mediante esta guía y comprendí que mi propósito y anhelo es llegar mediante esta herramienta a **millones de millones de vidas, para ayudarlos a cambiar, desprogramar y transformar la pobreza mental y espiritual.** Y aprendan a experimentar la riqueza, abundancia que está dentro de nosotros, en nuestra mente y corazón, además de tener superpoderes infinitos que Dios los diseñó exclusivamente para cada uno de nosotros. ¡POR ELLO ERES UN SER ÚNICO, CON TUS DONES Y TALENTOS ÚNICOS Y EXTRAORDINARIOS!

Gracias a ti lector, si estás acá no es casualidad. **DIOS te está esperando** con los brazos abiertos para que le entregues tu mente y corazón. Con todas estas herramientas, que Él un día me guio, enseñó y transformó todo mi dolor (como el aceptar la muerte de mi madre a los tres años de edad ,el no criarme con mi padre, el pasar un divorcio con apenas cinco meses de estar casada, el tener que pasar otra separación con el padre de mi hijo y muchos desafíos más), que al principio no los comprendía, sin embargo todas las experiencias vividas eran exactamente las que tenía que vivir, eran parte de mi propósito, para que hoy te pueda compartir y entregar estas herramientas poderosas que un día él me entregó. Basadas en experiencias reales y logro de muchos resultados soñados. Comprendí en lo personal que la base para que construyas tu éxito en todas las áreas de tu vida, primeramente, debes encontrar equilibrio emocional, mental y físico.

No esperes vivir durante 35 años en automático, como un día viví, ¡ACCIONA AHORA!

¡La vida es maravillosa! dependerá de ti el seguir transitando en este camino donde DIOS nos envió a ser luz y edificadores a sacar lo mejor de cada humano con AMOR.

Muchas gracias por tener en tus manos y decidir colocar en acción todas las herramientas de esta guía.

¡Te mando abrazos y muchas bendiciones de DIOS!

Camila Terrazas

www.ingramcontent.com/pod-product-compliance
Lightning Source LLC
Chambersburg PA
CBHW042343030426

42335CB0C030B/3442